MÉMOIRE

SUR UNE

RÉFORME ÉLECTORALE,

D'APRÈS

LA LOI MUNICIPALE

DU 21 MARS 1831,

Par Ch. VERJUX.

BOULOGNE.

IMPRIMERIE DE F. BIRLÉ, RUE DES PIPOTS, N° 36.

1840.

MÉMOIRE

SUR

La Réforme Electorale.

Au moment où toutes les opinions politiques sont en présence ; au moment où, se débattant dans les limites étroites d'une stagnation qui lui pèse, la France cherche à s'élancer dans la voie du progrès, deux dangers se présentent à l'œil de l'observateur impartial : Celui de s'arrêter trop court dans les améliorations, et de ne pas satisfaire les exigeances et les besoins ; celui d'aller trop loin et de tout compromettre en adoptant un systême inapplicable et dont les conséquences deviendraient pernicieuses et abusives.

Dans ces graves circonstances, lorsqu'il s'agit de l'avenir du pays, le droit de proposition n'est plus le privilége exclusif des sommités politiques. Il rentre dans le domaine public ; il appartient à tous les citoyens, et le silence insouciant devient coupable. C'est donc seulement par devoir, et sans arrière pensée d'ostentation, que nous venons poser dans la balance notre opinion raisonnée, pour tâcher d'éviter que plus tard, comme jadis, on ne vienne y jeter violemment le fer des révolutions ou l'épée d'un conquérant.

En considérant la crise actuelle, en voyant le peuple tourmenté de la soif d'une sage liberté ; en entendant la France entière élever la voix pour proscrire les lois exclusives et réclamer l'extension des droits civiques, il est pénible de voir se séparer les hommes que leur talent et leur position mettent le plus à portée de faire réussir les justes prétentions du pays. Ce n'est pas au moment de commencer la lutte que les forces auraient dû se partager, et cette scission ne peut que compromettre la réussite d'une tentative de liberté qui doit assurer le bonheur de la France en lui assurant la défense parlementaire de tous ses intérêts.

Les regards fixés sur les conséquences funestes de cette disjonction, nous ne pouvons avoir qu'un but : celui d'écarter une pierre d'achoppement, et de poser un point de ralliement où viendront se concentrer toutes les forces du parti réformiste, alors que les chefs de ce parti reconnaîtront que des concessions mutuelles sont nécessaires, et que l'on a semé entre eux la discorde dans l'intention unique de les affaiblir en les divisant.

Notre intention aussi clairement posée, nous allons examiner succinctement, et sous ses phases différentes, la question importante qui s'agite aujourd'hui : heureux si la pensée patriotique qui nous guide nous tient lieu des ressources qui nous manqueront pour traiter un sujet de si haute portée.

La loi électorale, telle qu'elle existe aujourd'hui, révisée après la révolution de 1830, a conservé son vice primitif, parce qu'on s'est contenté d'une révision et que son principe était vicieux. Nous en examinerons l'esprit et les conséquences, parce qu'une fraction du parti réformiste la repousse toute entière, tandis que l'autre ne fait qu'en proposer la modification.

Si nous avions à nous prononcer entre deux opinions dont l'une repousse une loi vicieuse et dont l'autre la modifie seulement sans la détruire, nous n'hésiterions pas dans l'opinion à émettre, parce qu'un vice modifié n'en reste pas moins un vice, et qu'en législation surtout l'équité seule doit être admissible.

Le système électoral n'est pas une invention française. Il a été calqué sur la constitution de l'Angleterre : c'est donc là seulement que l'on peut et que l'on doit en chercher l'origine et l'intention.

En Angleterre, trois pouvoirs bien distincts se dessinent d'une manière claire et précise, ayant chacun son étymologie, son but et ses moyens d'action. La royauté représentée par le prince régnant, la noblesse représentée par la chambre des Lords, et le peuple représenté par la chambre des communes.

Lorsque Louis XVIII monta sur le trône, il octroya la charte de de 1815, et comme *il n'avait rien appris* sur la terre de l'exil, il rêvait encore la puissance d'une noblesse qui n'existait plus en France depuis 1790, et qu'il croyait rétablir. Dans ce but, et pour imiter la constitution anglaise, il institua trois pouvoirs comme en Angleterre ; mais il ne s'aperçut pas ou ne voulut pas s'apercevoir que d'une part la base manquait, et que de l'autre la crainte des révolutions lui faisait falsifier le principe en le modifiant. Nous eumes donc, le Roi qui représente le pouvoir inviolable et sacré, la chambre des pairs qui de fait ne représente en France aucun intérêt public, et la chambre des députés qui représente, non pas le peuple, mais la partie riche de la population.

Ce n'est ici ni le temps ni le lieu de s'occuper du second pouvoir de l'état. Nous nous arrêterons donc à la question qui nous occupe, au troisième pouvoir, pour prouver que les lois existantes, comme celles qui les ont précédées, en ont altéré la nature originelle.

Nous ne chercherons pas à tracer ici l'histoire du parlement d'Angleterre. Ce que nous venons de dire sur la position respective des trois corps de l'état est clair, positif, et ne demande aucune explication. Il y a trois pouvoirs, parce que le corps social se divise en trois parties distinctes, qui toutes ont besoin d'être représentées distinctement. Laissant de côté les deux premières, nous dirons que là le peuple est reconnu, parce que là il est représenté. Ce n'est pas une illusion, ce n'est pas un vain mot : les Anglais ne jouent pas avec les expressions qu'ils emploient ; le troisième corps de la trinité politique est appelé *Chambre des Communes*, parce que pour y siéger il faut y être envoyé par les communes. Les membres de cette chambre représentent le peuple, parce que les communes leur donnent le mandat, et que les communes c'est le peuple.

En France , au contraire, le peuple n'a pas été reconnu , parce qu'il n'est pas représenté. Ce que nous appelons les députés de la nation ne représentent pas la nation. Leur mandat ne vient pas du peuple: ils le tiennent d'une fraction favorisée par la loi.

On a beaucoup fait en France depuis 1789. Bien des pouvoirs sont tombés, bien des pouvoirs se sont élevés pour faire place à d'autres qui venaient leur succéder. On a renversé l'autel et le trône pour relever ensuite le trône et l'autel. On a détruit la noblesse pour revenir quelques années après au point de départ , en faisant seulement un changement de personnes , c'est-à-dire que l'on a remplacé l'aristocratie nobiliaire par l'aristocratie de l'argent. Telle est la conséquence immédiate des lois qui nous régissent aujourd'hui. Le peuple n'a pas de représentant ; le peuple n'a aucun droit politique. C'est un abus résultant du texte et de l'esprit de la loi; ce sont les impositions qui font les citoyens ; c'est la fortune qui donne les droits civiques. Mieux valait encore un temps que l'on semble dédaigner aujourd'hui: mieux valaient les états généraux , parce que là tous les intérêts étaient défendus. Qu'arriverait-il avec la loi électorale qui nous régissait avant 1830 et avec celle qui nous régit encore ? La fortune donnant seule le droit électoral et le droit d'éligibilité , reportons-nous un moment en 1788 , et supposons qu'aujourd'hui , comme à cette époque , la presque totalité des biens de France appartienne à la noblesse et au clergé. Où se trouveront les électeurs ? où se prendront les députés ? En appliquant la loi actuelle , les prêtres et les nobles deviennent seuls électeurs , seuls éligibles. il n'y a plus de tiers état.

Ici se présente une objection spécieuse. La noblesse et le clergé , nous dira-t-on, en prenant texte de ce qui précède , ne forment plus de corps distincts dans l'état , et dès-lors ce résultat n'est plus à craindre: ces deux classes rentrent aujourd'hui dans la catégorie des électeurs ; les électeurs font partie du peuple , dès-lors c'est le peuple qui nomme les députés.

Nous avons dit que cette objection était spécieuse, et il ne faut qu'en voir la conséquence pour sentir combien elle est fausse et erronée. Les électeurs actuels font partie du peuple , mais il ne forment pas le peuple ; ils sont , par rapport au peuple, ce qu'était autrefois la noblesse par rapport au tiers-état. C'est la partie la plus riche , il est vrai, mais la moins nombreuse de la population , et elle se fait représenter seule , parce que seule elle donne ses mandats à des mandataires pris dans son sein. Le peuple proprement dit , le peuple qui travaille , qui enrichit son pays , qui va défendre nos frontières , n'a pas voix délibérative , n'a pas de mandat à donner et n'a pas de mandataires pour défendre ses intérêts. La partie la plus nombreuse et peut-être la plus puissante de la population est donc exclue du droit électoral par les lois censitaires, et de là peut-être la cause qui a toujours maintenu les priviléges des électeurs actuels et empêché d'étendre les libertés publiques.

De tout ce que nous venons de dire , il résulte clairement qu'en prenant pour modèle les constitutions d'Angleterre , on en a faussé toutes les intentions , et que des trois pouvoirs que l'on prétendait imiter , un seul est resté ce qu'il devait être ; celui de la royauté qui octroyait la constitution , tandis que le peuple a perdu les droits que lui avait conférés la révolution de 89 , qu'il avait conquis au prix de son sang , et que semblait devoir lui rendre et lui confirmer la révolution de 1830.

Que le système censitaire, malgré ses vices et ses conséquences , ait trouvé de l'adhésion en 1815 ; qu'il ait été reçu alors comme un bienfait , nous le comprenons sans peine , car à cette époque c'était une concession immense , un pas gigantesque vers la liberté , un contraste frappant avec le régime absolu de l'empire. Mais aujourd'hui que les progrès de la civilisation se sont étendus sur toutes les têtes : aujour-que l'instruction s'est répandue dans toutes les classes : aujourd'hui que le peuple s'est réchauffé au contact des journaux et des orateurs , ce qui convenait il y a 25 ans ne peut plus suffire, et les exclusions poli-tiques deviennent une anomalie dans nos lois.

Le besoin senti de suivre l'impulsion donnée , de satisfaire la volonté publique , et d'étendre les droits électoraux , a formé et bientôt grossi le parti de la réforme de tout ce que la France compte d'hommes dé-voués aux véritables intérêts du pays. Mais à peine la question fut-elle posée d'une manière précise , à peine la mise à exécution fut-elle pro-posée , que la division scinda les chefs du parti, parce que les uns s'arrêtaient trop court et n'arrivaient pas au but, tandis que les autres allaient trop loin et le dépassaient.

En présence des vices qui forment le fond du système adopté par la charte de 1815, système qui n'a été que modifié en 1831 ; en pré-sence surtout des conséquences qui en découlent et que nous avons essayé de faire ressortir , on est étonné de voir des hommes de haute capacité , des citoyens qui ont donné au pays des gages non équi-voques de patriotisme et de dévouement ; on est étonné , disons-nous , de voir ces hommes présenter , comme base des améliorations qu'ils veulent obtenir , une loi dont les principes sont entièrement contraires au résultat qu'ils attendent.

Ne pas changer une constitution , pour éviter une secousse politi-que ; la rendre meilleure par des modifications , c'est sage et rationel en tant que sa nature primitive est bonne ; mais modifier seulement une constitution radicalement mauvaise dans l'espoir d'arriver à la rendre bonne , c'est poser un principe faux pour déduire une consé-quence vraie. La modification des objets n'en change pas la nature ; elle peut en atténuer les vices , elle n'en détruira pas l'essence. Or , dans la loi électorale de 1831, comme dans celle de 1815 , le point fondamental c'est le cens, et c'est là qu'est le vice, parce que là gît le privilège, là se trouve l'exclusion.

De quelque manière que l'on réduise le cens ; quelle que soit la modicité du taux que la loi aura fixé, il n'en existera pas moins une ligne de démarcation, une barrière politique au-delà de laquelle le citoyen devient nul , sans pouvoir, sans représentant, et c'est là d'abord ce qu'il faut éviter, si l'on veut arriver à une saine justice, si l'on veut apporter à la législation actuelle des modifications qui puis-sent profiter au pays.

Peu importe qu'il y ait en France quelques électeurs de plus, si ce fait résulte d'une extension de privilège, d'une adjonction pure et simple à une loi abusive On s'est trop, jusqu'à présent, attaché au nombre , on a trop négligé le principe. Si un seul électeur pouvait représenter tous les intérêts , un seul électeur serait suffisant puisqu'il arriverait au résultat voulu. C'est précisément parce que le privilège qui existe ne peut pas y atteindre ; c'est parce qu'un système de liberté ne peut pas résulter d'une loi de proscription; c'est parce que ce privilège, étendu à 10 , à 20 , à 30,000 hommes de plus , n'en sera pas moins un privilège , et que les noms sortis de cette urne électorale n'en seront pas moins les représentans d'une classe privilégiée, que la loi modifiée ne fera que modifier l'abus, et n'en sera pas moins une loi anti-nationale , parce qu'elle frappera de nullité une partie de la nation. Que l'on pressure comme on le voudra la loi de 1831, il n'en sortira jamais que ce qui forme son essence: privilége et exculsion.

Est-ce donc là ce qu'on doit attendre d'une réforme politique ? Est-ce atteindre le but? N'est-ce pas adopter encore une fois la forme pour repousser la nature du gouvernement représentatif? Que doit-être la chambre des députés? Quel est son mandat? C'est de représenter les communes , c'est de défendre les intérêts communs ; et, en appliquant à la loi actuelle telles modifications qu'on voudra lui faire subir , la chambre des députés n'en restera pas moins exclusivement mandataire d'une classe à part ; elle n'en sera pas moins la représentation d'un privilége légal , mais contraire au droit commun.

Ce que nous venons de dire pour l'électorat obtient une force bien plus grande encore si on l'applique au même système , quant à l'éligibilité. Pour être électeur, pour élire un député, pour choisir un mandataire , il ne faut que du bon sens et du discernement Pour être député , pour remplir dignement un mandat d'une si haute importance, il faut plus : il faut des connaissances , des études, du talent, et ce n'est pas à la fortune que l'on peut juger le mérite des hommes. C'est cependant ce qui résulte des lois censitaires qui frappent d'inertie et d'incapacité tous les citoyens que la fortune n'a pas favorisés de ses dons. Il est trop pernicieux à la liberté, trop nuisible au bien public, ce système d'exclusion, si c'est à lui que l'on doit ces chambres si pâles qui se sont succédées depuis 1815; si c'est à lui que l'on doit ce nombre si peu élevé de véritables législateurs et d'hommes réellement spéciaux. Oh! qu'il y a loin de ces sessions parlementaires d'aujourd'hui avec cette assemblée législative et cette constituante, où les talens pullulaient , où le mérite se disputait la palme. Aujourd'hui, loin d'être appelés à foudroyer de leur éloquence les lois de la féodalité, loin de pouvoir poser les fondemens d'une liberté large et grande, comme celle qu'ils avaient rêvée , avant le dévergondage sanguinaire de la convention , les Vergniaud , les Barnave , les Mirabeau , seraient peut-être légalement nuls et privés du droit d'élire un représentant. Que dire enfin d'une législation qui frapperait d'incapacité un homme comme J.-J. Rousseau, et déclarerait inapte à nommer un député, ce général vainqueur de l'Italie , parce qu'après sa conquête il ne possédait , pour toute économie, que 750 fr. de rente sur l'état, lui qui, un peu plus tard, dictait des lois à l'Europe et faisait des rois par le seul acte de sa volonté impériale.

Le projet de modifier la loi du 19 avril 1831 ne peut donc être admissible comme réforme , parce qu'il ne fait que confirmer les abus qui existent, se contentant de les atténuer : parce qu'en second lieu il n'arrive pas au résultat que l'on désire ; parce que les communes ne se trouvent pas plus représentées que par les lois existantes , et que quelque soit le cens, il y aura toujours des communes qui, loin d'avoir un représentant , n'auront pas même un électeur censitaire. Le seul point véritablement méritoire que ce projet ait livré à la discussion , c'est l'adjonction proposée de ce qu'on appelle les capacités, adjonction sur laquelle nous reviendrons bientôt pour en trouver la juste application.

De la scission du parti réformiste surgit un autre projet dont les conséquences ont une plus vaste étendue. La première fraction du parti ne considérait que les intérêts partiels en s'appuyant sur le taux censitaire ; la seconde laissa de côté les intérêts , même généraux, et ne vit que les individus. Il y a encore ici le résultat d'un examen non raisonné ou non consciencieux du principe parlementaire: il y a la conséquence d'un égoïsme trop répandu en France

L'éducation politique du peuple français est loin d'être parvenue au degré de perfection qui lui serait nécessaire et que l'on devrait lui supposer après un demi-siècle de pénibles études. Si dans les grandes localités elle a conservé pour base les idées saines et purement patriotiques , c'est que là l'influence des choses l'emporte sur l'influence des personnes, tandis qu'il n'en est pas de même dans les petites localités où elle a été faussée par des gens qui avaient intérêt à en tirer un parti pernicieux.

Une opinion arrivée malheureusement à une presque universalité dans tous les colléges de France , c'est que dans le choix d'un député on doit moins chercher le défenseur indépendant des intérêts généraux, l'homme propre à discuter sainement les lois du pays , que le mandataire complaisant d'une localité en dehors , et le solliciteur obligé de toutes les prétentions particulières. Les opinions , les antécédens politiques du candidat n'arrivent qu'en sous œuvre , et ne pèsent pas assez dans la balance électorale. Ce qu'on lui demande de son passé, ce qu'on lui demande de son avenir , se réduit à savoir ce qu'il a fait ou ce qu'il pourra faire pour l'arrondissement dont il sollicite les suffrages : quelquefois même la question descend jusqu'aux personnes. Que cette vérité paraisse dure , pénible , liberticide , elle n'en sera pas moins une vérité; et c'est à cette cause . sans doute, que l'on doit si souvent l'élection de fonctionnaires publics , de gens dévoués aux ministères, ou susceptibles d'approcher les dispensateurs de faveurs ministérielles.

Pour ceux qui ne comprennent pas combien il est dangereux de détourner ainsi de son but primitif une institution politique , du fait de la personnification excentrique des colléges et des arrondissemens découle la conséquence qu'en voulant étendre les droits électoraux de la manière la plus large possible , il faut nécessairement, pour que tout soit représenté , descendre jusqu'au dernier échelon de la société , car en personnifiant les intérêts, on doit naturellement arriver aux personnes.

Cette solution du problême électoral serait juste , logique , avantageuse , si la mission du second corps parlementaire était de représenter les individualités; mais elle cesse de l'être du moment où, remontant au principe originel, on peut poser en axiôme que le chambre élective n'émane pas d'une question de personnes , mais d'une question de droit commun ; qu'elle n'est pas appelée à représenter les électeurs , mais les intérêts du pays. Or, telles sont , en fait, l'origine et la cause de la chambre des députés, et pour atteindre au but de sa création , il suffit que les intérêts de tous puissent y être et y soient généralement représentés et défendus.

Le projet que nous examinons arrivera-t-il à ce résultat? Ne s'en éloignera-t-il pas autant et plus peut-être que le projet d'adjonction censitaire? C'est ce que nous allons tâcher de démontrer.

Ce que demande cette fraction du parti , c'est le vote universel. Que l'on masque cette pensée, par des termes plus ou moins spécieux, elle n'en existera pas moins , et nous aimerions mieux voir , en cette circonstance , employer les expressions susceptibles de caractériser franchement la demande. Si l'on demandait des signatures pour l'obtention d'une loi proclamant le vote universel, bien des citoyens se laisseraient arrêter par des appréhensions peut-être fondées ; mais briguer ces mêmes signatures en cachant sa pensée sous le voile d'une institution nationale, c'est s'exposer à surprendre bien des consciences, c'est prendre une voie détournée pour arriver au même point.

Pour s'en convaincre, il suffit de jeter les yeux sur la loi du 22 mars 1831, invoquée comme base du projet électoral.

Que demande la pétition dont il s'agit? *Que tous les citoyens, ayant droit de faire partie de la garde nationale, soient électeurs et éligibles.* Or, ce droit de faire partie de la garde nationale , à qui la loi l'a-telle conféré ?

« Art 2. La garde nationale est composée de tous les Français, » sauf les exceptions ci-après. » (1)

Viennent ensuite les exemptions et enfin l'art. 13 qui présente les exclusions.

« Le service de la garde nationale est interdit aux individus privés » de l'exercice des droits civils, conformément aux lois. »

Sont exclus de la garde nationale :

« 1º Les condamnés à des peines afflictives ou infamantes ;

» 2º Les condamnés en police correctionnelle pour vol, escroquerie , » pour banqueroute simple , abus de confiance , pour soustraction com- » mise par des dépositaires publics et pour attentats aux mœurs, prévus » par les art. 331 et 334 du code pénal ;

» 3º Les vagabonds et gens sans aveu déclarés tels par un jugement. »

L'exemption ne retirant pas le droit, il résulte du texte même que tous les Français ont le droit de se faire inscrire sur le registre matricule , à l'exception de ceux que la loi repousse et flétrit ; à l'exception des vagabonds , et encore faut-il que les tribunaux leur ait appliqué cette déno-

---

(1) C'est une erreur assez généralement répandue , que pour faire partie de la garde nationale il faut être imposé au moins à la contribution personnelle. Cette assertion est vraie , quant au service ordinaire, mais elle ne l'est pas quant au service de réserve , qui comprend tous les citoyens INDISTINCTEMENT , sauf les exclusions.—Art. 19 et 20 de la loi du 22 mars 1831.

mination. Si ce n'est pas là le vote universel , il faut supposer que pour employer cette expression, il faudrait descendre dans les maisons de détention, et aller prendre les électeurs jusque dans les cabanons de Brest et de Rochefort.

Lorsqu'en 1791 on proclama le vote universel, pour arriver plus tard à la Convention , on n'alla même pas si loin dans l'extension des droits. Tous les citoyens *actifs* (1) eurent bien le bénéfice d'un droit électoral , mais ce droit n'allait pas jusqu'à l'élection directe des représentans du peuple. Chaque citoyen déposait son vote, mais ce vote ne tendait qu'à nommer les électeurs chargés de choisir les députés. Aujourd'hui , au contraire, le projet tendrait à un vote universel appliqué de la manière la plus directe , et dans toute l'acception du mot ; il irait au-delà de tout exemple ; il déborderait même les institutions les plus anarchiques. (2)

Si , au moins , il remédiait à la législation actuelle : s'il évitait les abus résultant du projet opposé et que nous venons d'examiner, nous lui accorderions peut-être encore la préférence , parce nous désirons le plus de liberté possible. Mais au lieu d'arriver à ce résultat, il crée des abus peut-être plus nombreux encore et beaucoup plus importans. La loi du 19 avril 1831, avec les modifications qu'on lui propose, fait des catégories et ne peut parvenir à la juste représentation de tous les intérêts ; l'application de la loi du 22 mars amènerait l'effet tout opposé. La loi censitaire confère le privilége à ceux qui ont tout : le vote universel remet tous les droits représentatifs à ceux qui n'ont rien. On compte aujourd'hui 178,000 électeurs payant 200 fr. d'impôts ; il y aura demain 3,000,000 d'électeurs au moins. Où sera nécessairement la majorité, si vous admettez le vote libre et sans influence? Le peuple proprement dit sera représenté , parce qu'il fera loi ; les électeurs actuels ne le seront plus. Les individus auront des représentans ; les intérêts ne seront plus défendus. L'abus sera reporté d'un côté sur l'autre , mais il n'y aura pas moins abus : abus plus démocratique , mais aussi plus dangereux dans les conséquences qu'il pourrait entraîner.

Des deux opinions qui se présentent dans la lice , aucune ne donne donc les gages d'avenir que l'on désire : aucune n'atteint le but que se proposent les véritables amis d'une sage liberté. L'une ne fait qu'é-

---

(1) Pour être citoyen actif, il faut :
Etre né ou devenu français ;
Etre âgé de 25 ans accomplis ;
Etre domicilié dans la ville ou dans le canton depuis le temps déterminé par la loi ;
Payer dans un lieu quelconque du royaume une contribution directe au moins égale à la valeur de trois journées de travail, et en représenter la quittance ;
N'être pas dans un état de domesticité, c'est-à-dire de serviteur à gages ;
Etre inscrit dans la municipalité de son domicile, au rôle des gardes nationales ;
Avoir prêté le serment civique.
Constitution du 14 septembre 1791, titre 3, section 2, art. 2.

(2) La constitution du 24 juin 1793 avait seule osé proclamer ce système ; mais ce décret n'a jamais été exécuté.

tendre les catégories privilégiées et laisse les masses de côté ; l'autre
ne voit que les masses et compromet des intérêts réels. Ni l'une ni
l'autre n'a songé au véritable but de la représentation nationale , à
la défense des intérêts communs , à la véritable députation des communes. Toutes deux doivent donc être également repoussées par les
hommes de tous les partis qui veulent le bonheur de la France.

Mais si les deux projets sont vicieux ; si leur application est abusive ;
s'ils n'arrivent pas aux conséquences voulues ; s'ils ne s'appuyent pas
sur les principes réels du gouvernement représentatif ; si d'autre part
la loi actuelle , présentant les inconvéniens inhérens à sa nature et que
nous avons signalés, n'est pas plus en harmonie avec les besoins de
l'état ; si en un mot le système électoral doit être changé , quel moyen
employer pour trouver les avantages que l'on attend et déraciner les
abus que l'on proclame ? Faut-il donc renverser la constitution toute
entière, et créer une constitution neuve , et des lois toutes nouvelles ?
Non ; Dieu nous garde d'émettre une pensée qui mettrait en question
toute notre position politique. Mais il est, sans sortir de la législation
actuelle , un moyen simple d'atteindre le but et d'arriver à la véritable
représentation de toutes les communes et de tous les intérêts.

Il existe une loi qui , selon nous, remplit toutes les conditions voulues pour servir de base à un système électoral large et populaire ; une loi
qui évite tout à.la-fois l'abus censitaire et l'abus résultant de l'universalité des votes ; une loi à l'aide de laquelle tous les intérêts , grands et
petits , pourront être défendus ; une loi enfin qui enverra à la Chambre les vrais représentans des communes , parce que toutes les communes auront concouru à l'élection. Cette loi, c'est celle qui a été pro-
mulguée le 21 mars 1831 sur l'organisation municipale.

Cette loi est peut-être la seule depuis long-temps qui ait pu sup-
porter sans échec l'examen public et la mise à exécution ; la seule qui
n'ait soulevé aucune réclamation fondée ; la seule enfin qui ait obtenu
l'assentiment unanime , parce que c'est la seule loi réellement populaire
qui soit sortie du creuset parlementaire. Bonne dans son essence , elle
est bonne dans ses résultats. Sa promulgation , a été la proclamation
réelle et effective de l'égalité des droits des citoyens. Pas de privilège ,
pas d'exclusion. Rien n'est absolu et tout est relatif. Les électeurs ne représentent pas leur fortune ou leurs intérêts privés , mais tel ou tel
nombre d'habitants. La ligne de démarcation n'existe plus : tous les
rangs , toutes les classes sont confondus. Les points de contact se rap-
prochent , se mêlent , et tous les droits sont représentés.

Pour se convaincre de cette vérité , il suffit de jeter les yeux sur le
texte de cette loi et de suivre les progrès d'améliorations qui se sont
faits sentir dans les conseils municipaux depuis son application. (1)

(*) Art. 10. Les conseillers municipaux sont élus par l'assemblée des électeurs communaux.
11. Sont appelés à cette assemblée :
1° Les citoyens les plus imposés aux rôles des contributions directes de la
commune, âgé de vingt-et-un ans accomplis, dans les proportions suivantes :
Pour les communes de mille âmes et au-dessous, un nombre égal au dixième
de la commune ;

Par cette loi, tous les citoyens sont électeurs de fait, et votent par des représentans choisis parmi les plus imposés d'entr'eux. L'échelle des impositions descend indéfiniment jusqu'à ce qu'on arrive au nombre voulu de tant d'électeurs par centaine d'habitans ; elle descend même jusqu'à la côte personnelle dans les communes où il faut toucher au dernier échelon pour atteindre au nombre nécessaire qui ne peut pas être de moins de trente électeurs. Par ce système, les intérêts de tous sont réellement pesés dans la balance, parce que tous ont directement ou indirectement concouru à l'élection. Aussi voit-on surgir dans toutes les localités des oppositions fortes et puissantes qui maintiennent l'auto-

---

Ce nombre s'accroîtra de cinq par cent habitans en sus de mille jusqu'à cinq mille ;

De quatre par cent habitans en sus de cinq mille jusqu'à quinze mille ;

De trois pour cent habitans au-dessus de quinze mille ,

2° Les membres des Cours et tribunaux , les juges-de-paix et leurs suppléans ;

Les membres des chambres de commerce, des conseils de manufactures , des conseils de prud'hommes ;

Les membres des commissions administratives des colléges, des hospices et des bureaux de bienfaisance ;

Les officiers de la garde nationale ;

Les membres et correspondans de l'Institut, les membres des sociétés savantes instituées ou autorisées par une loi ;

Les docteurs de l'une ou de plusieurs facultés de droit, de médecine, des sciences , des lettres, après trois ans de domicile réel dans la commune ;

Les avocats inscrits au tableau „les avoués près les Cours et tribunaux , les notaires , les licenciés de l'une des facultés de droit, des sciences , des lettres, chargés de l'enseignement de quelqu'une des matières appartenant à la faculté où ils auront pris leur licence, les uns et les autres après cinq ans d'exercice et de domicile réel dans la commune ;

Les anciens fonctionnaires de l'ordre administratif et judiciaire jouissant d'une pension de retraite ;

Les employés des administrations civiles et militaires jouissant d'une pension de retraite de six cents francs et au-dessus ;

Les élèves de l'Ecole polytechnique qui ont été, à leur sortie, déclarés admis ou admissibles dans les services publics , après deux ans de domicile réel dans la commune : toutefois , les officiers appelés à jouir du droit électoral en qualité d'anciens élèves de l'Ecole polytechnique ne pourront l'exercer dans les communes où ils se trouveront en garnison qu'autant qu'ils y auraient acquis leur domicile civil ou politique avant de faire partie de la garnison ;

Les officiers de terre et de mer jouissant d'une pension de retraite ;

Les citoyens appelés à voter aux élections des membres de la chambre des députés et des conseils généraux des départemens , quel que soit le taux de leurs contributions dans la commune.

12. Le nombre des électeurs domiciliés dans la commune ne pourra être moindre de trente , sauf le cas où il ne se trouverait pas un nombre suffisant de citoyens payant une contribution personnelle.

13. Les citoyens qualifiés pour voter dans l'assemblée des électeurs communaux , conformément au paragraphe 2 de l'article 11, et qui seraient en même temps inscrits sur la liste des plus imposés, voteront en cette dernière qualité.

14. Le tiers de la contribution du domaine exploité par un fermier à prix d'argent ou à portion de fruits, lui est compté pour être inscrit sur la liste des plus imposés de la commune , sans diminution des droits du propriétaire du domaine.

rité municipale dans les limites étroites du bon droit et de la saine justice.

Pourquoi ce qui est bien en élection communale ne le serait-il pas en élection politique ? L'application de cette loi remplit toutes les conditions voulues. Par elle, les intérêts communs, les intérêts généraux sont représentés ; et, en l'adoptant pour base du système électoral, toutes les communes concourraient à l'élection et donneraient leur part du mandat.

A tous les avantages que procurerait la loi que nous citons, se joindrait l'adjonction, tant demandée, des officiers de la garde nationale, dont l'élection deviendrait plus sérieuse, et de ce qu'on appelle les capacités ; car cette loi les comprend toutes : cette loi les appelle toutes à l'élection.

On éprouve le besoin de ne plus faire du droit électoral un privilége exclusif : cette loi détruit le privilége et l'exclusion. On sent la nécessité d'étendre le droit à plus de citoyens, sans arriver au vote universel : cette loi vient encore répondre à cette intention, puisque, ne conférant pas à tous le droit de déposer directement leur vote, elle augmente et décuple le nombre des électeurs.

A ces résultats se joint encore celui de simplifier l'élection, en évitant le déplacement des électeurs, car le chef-lieu d'arrondissement pourrait ne plus être le siége unique du collége électoral ; chaque commune pourrait voter séparément au chef-lieu de canton dont elle formerait une section distincte, et le résultat de chaque élection cantonnale viendrait se joindre au dépouillement du collége principal de l'arrondissement.

Mais cette proposition entraine naturellement avec elle une conséquence forcée. En étendant ainsi le droit d'élection et celui d'éligibilité, car nous les avons toujours réunis dans notre pensée, il arrivera indubitablement que les électeurs n'ayant plus à choisir parmi des candidats nécessairement riches en vertu des lois censitaires, iront chercher le mérite là où ils croiront le reconnaître, et que de l'urne électorale sortiront des noms d'hommes qui ne pourraient accepter le mandat, parce que leurs moyens d'existence seraient insuffisans aux frais d'un déplacement de cette nature. Les députés ayant une mission d'intérêt public, c'est à l'état à y pourvoir en les considérant comme fontionnaires publics, et en faisant la compensation de ces dépenses, moitié par des appointemens fixes, moitié par des jetons de présence, dont il est inutile de faire sentir l'importance et la nécessité.

Avant de terminer nous nous arrêterons à une question subsidiaire, qui nous présente un intérêt réel. Nous avons défendu l'égalité relative des droits des citoyens ; mais si nous y arrivons par l'application de la loi du 21 mars 1831, nous manquons encore le but par suite de la division actuelle du territoire. Lorsqu'on forma les arrondissemens on s'attacha moins au nombre des habitans qu'aux dispositions des localités et aux besoins de l'administration départementale. De là résulte une différence prodigieuse dans les diverses populations. Cette différence, moins sensible avec les lois censitaires, acquiert une influence considérable du moment où on adopte le système que nous proposons. Le nombre des électeurs variant selon les populations, il n'est pas juste, en effet, qu'un arrondissement de 30,000 âmes ait un droit égal à celui de 80 ou 100 mille, et que tous deux n'envoyent également qu'un seul député. L'égalité du vote n'existant pas, l'égalité du droit n'existe plus. Pour rétablir l'équilibre, quelques scissions deviendront indispensables, et il sera facile de remédier au mal que nous signalons, en admettant que tout arrondissement, au dessus de 80 ou 100 mille habitans, formera deux collèges et nommera deux représentans.

Maintenant que nous avons développé notre opinion, et que nous croyons avoir démontré les vices de la loi actuelle ; les abus résultant du projet qui la modifie, et les conséquences du vote universel ; maintenant que nous pensons avoir prouvé que la loi du 21 mars 1831 est la seule qui puisse servir de base à un systême électoral, renfermé dans les limites d'une véritable liberté ; que par l'application de cette loi toutes les communes seraient représentées et tous les intérêts défendus ; que c'est là le but réel et le principe fondamental d'une chambre de députés, nous résumerons notre pensée en proposant une pétition tendant à obtenir

Que la loi municipale du 21 mars 1831 soit appliquée au systême électoral.

Que tout citoyen, électeur municipal en vertu de cette loi, soit électeur politique, à 25 ans.

Que tous les électeurs politiques soient éligibles, à 30 ans.

Que tous les arrondissemens dont la population s'élèvera au-dessus de 80 ou 100 mille habitans, forment deux colléges distincts et nomment deux députés.

Que tous les députés soient rétribués par l'état.

C. Verjux.

www.ingramcontent.com/pod-product-compliance
Lightning Source LLC
LaVergne TN
LVHW021109050726
842519LV00005B/1905